Sut i Drefnu

Priodas Pum Mil

Trystan Ellis-Morris

Emma Walford

Alaw Griffiths

sebra

Cyhoeddwyd yng Nghymru yn 2024 gan Sebra, un o frandiau Atebol, Adeiladau'r Fagwyr, Llanfihangel Genau'r Glyn, Aberystwyth, Ceredigion SY24 5AQ

ISBN: 978-1-83539-002-3

Cyhoeddwyd mewn cydweithrediad â Boom Cymru ac S4C.

Dyluniwyd gan Dylunio GraffEG
Golygwyd gan Adran Olygyddol Cyngor Llyfrau Cymru

sebra.cymru

Dymuna'r cyhoeddwr gydnabod cymorth ariannol Cyngor Llyfrau Cymru

Argraffwyd yng Nghymru

FSC
www.fsc.org
CYMYSGEDD
Papur | Yn cefnogi
coedwigaeth gyfrifol
FSC® C114687

I'r holl gyplau a'u teuluoedd

sydd wedi ymddangos ar Priodas Pum Mil *ar S4C*

CYNNWYS

Rhagair

Priodas Pum Mil

O gyllideb i gae llydan – yr awn,
a rhoi, fesul cusan,
ryddid adar i arian,
gwneud llog y geiniog yn gân.

Hywel Griffiths

Croeso a llongyfarchiadau! Os 'dach chi'n darllen y geiriau yma rŵan, yna mae 'na siawns go dda fod 'na gyfnod o ddathlu o'ch blaen a diwrnod arbennig i'w drefnu! Mi 'dan ni'n tri wedi rhoi'r llyfr yma at ei gilydd er mwyn eich ysbrydoli i gael dathliad priodasol unigryw. Mi fyddwn ni'n eich cynghori ar sut i roi trefn ar bob elfen o'r gwaith paratoi, a gobeithio y byddwn ni'n sbarduno eich creadigrwydd wrth i chi fynd ati i drefnu diwrnod i'w gofio. Wrth ddarllen a phori drwy'r llyfr, mi ddewch chi o hyd i lwyth o awgrymiadau ar sut i drefnu'r diwrnod priodas perffaith, beth bynnag mae hynny'n ei olygu i chi. Mae pawb yn wahanol – mae hynny i'w ddathlu – ac mae pob priodas yn unigryw, fel mae'r tri ohonon ni wedi ei ddysgu ar hyd y blynyddoedd wrth weithio ar y rhaglen *Priodas Pum Mil* ar S4C!

Mae *Priodas Pum Mil* wedi bod ar y sgrin ers 2016 ac mae sawl cyfres wedi bod ers hynny. Nod y rhaglen ydi trefnu priodas o fewn y gyllideb o bum mil o bunnoedd, gan gadw'r gwaith paratoi yn gyfrinachol – does gan y pâr sy'n priodi ddim syniad o'r hyn fydd yn aros amdanyn nhw! Mae teulu a ffrindiau'r pâr, efo'n help ni, yn mynd ati i drefnu priodas o dan amodau anarferol er mwyn rhoi'r diwrnod delfrydol i bawb. Y gyfres honno ydi'r ysbrydoliaeth y tu ôl i'r llyfr hwn. Gan fod un ohonon ni'n drefnydd priodas proffesiynol a dau ohonon ni'n cyflwyno'r rhaglen ac wedi rhoi llawer iawn o help llaw i'r cyplau a'u teuluoedd, mae trefnu priodasau yn rhywbeth sy'n dod yn naturiol i ni erbyn hyn. 'Dan ni'n hyderus y bydd rhannu rhai o'n profiadau ni efo chi yn debygol o'ch helpu – yn enwedig os 'dach chi'n chwilio am gyngor ar sut i arbed ceiniog neu ddwy. Ond yn fwy na dim, 'dan ni'n gobeithio bod cynghorion yma o bob math ac i siwtio pawb – o ddechrau'r gwaith trefnu i'r diwrnod mawr ei hun.

Yr hyn sy'n rhaid ei gofio ydi mai rhaglen deledu ydi *Priodas Pum Mil* a'r nod ydi trefnu priodas o fewn y gyllideb o bum mil o bunnoedd. Er mwyn cadw o fewn y gyllideb yma, 'dan ni wedi bod yn ddibynnol ar haelioni cannoedd o gyflenwyr sydd wedi darparu eu gwasanaethau am y nesa peth i ddim i ni dros y blynyddoedd, heb anghofio am dîm anhygoel a gweithgar *Priodas Pum Mil* sy'n cyflawni gwyrthiau i sicrhau bod pob priodas yn llwyddiant! Mae'r sefyllfa ychydig yn wahanol mewn bywyd go iawn, ond mae unrhyw beth yn bosib efo dychymyg a gwaith caled!

Mae pob priodas o fewn y cyfresi wedi bod yn sbesial ac yn unigryw, efo cyplau a chyfranwyr sydd wir yn golygu cymaint i'r tri ohonon ni. Mi fysen ni wedi bod wrth ein boddau yn cyfeirio at bob un briodas, ond y gobaith efo'r amryw enghreifftiau a'r straeon ydi cynnig ambell *top tip* ar sut i gyllidebu'n ofalus, eich cynghori ar sut i dynnu teulu a ffrindiau ynghyd i fod yn rhan allweddol o'r broses, ac yn fwy na dim eich atgoffa i fwynhau'r profiad o drefnu eich diwrnod perffaith.

Mwynhewch y darllen – a gobeithio y gwelwn ni chi mewn priodas yn fuan!

Tryst, Emma ac Alaw
xxx

Dewis lleoliad

Emma Walford

Mi gerddaf gyda thi dros lwybrau maith,
A blodau, cân a breuddwyd ar ein taith…

Anhysbys

'Location, location, location!' – dyna ma nhw'n ddeud, yndê? Ac ma nhw'n iawn! Un o'r penderfyniadau mwya, ac o bosib yr un pwysica, wrth ddechrau trefnu'r diwrnod mawr ydi dewis lleoliad y briodas. Rŵan, mi all dathliad priodasol fod yn hollol anffurfiol efo llond llaw o bobol, neu'n barti enfawr efo cannoedd o westeion – mae hynny i fyny i chi! Ond mae un peth yn sicr – wrth ddewis lle 'dach chi fel cwpwl am ddathlu eich priodas, mi ddaw penderfynu ar bopeth arall yn haws. Y lleoliad fydd y templed i weddill y dydd, a'r sgwrs bwysica i chi ei chael cyn penderfynu ar hynny ydi trafod sut fath o briodas 'dach chi isio a sut fath o ddiwrnod 'dach chi am ei roi i'ch gwesteion.

9

Wrth ddewis y lleoliad, mae'n hanfodol gofyn o'r cychwyn beth ydi'r argaeledd, y capasiti a'r gost. Rhaid i'r lleoliad fod ar gael ar eich dyddiad chi, wrth gwrs, a rhaid cael syniad o faint o westeion fydd gennych chi yno er mwyn dewis rhywle sydd â digon o le. Mae rhan helaeth o'r gyllideb yn mynd i gael ei gwario ar y lleoliad, felly mae angen i chi wybod y gost o'r dechrau'n deg, i osgoi mynd i drafferthion ariannol yn nes ymlaen.

Alaw

Ar *Priodas Pum Mil* dyma ydi'r sgwrs gynta mae Trystan a fi yn ei chael efo pob cwpwl, gan gychwyn drwy holi – pa fath o deimlad neu *vibe* 'dach chi isio i'ch diwrnod? Be ydi'ch diddordebau chi? Oes 'na le arbennig sy'n golygu lot i chi? Sut mae cynnwys eich personoliaethau chi yn y diwrnod mawr? Drwy ofyn ac ateb y cwestiynau yma, mi ddaw hi'n amlwg iawn pa fath o leoliad fydd yn gweddu i chi fel cwpwl. Dyma'r man cychwyn i bob un o briodasau'r gyfres, a phan mae teulu a ffrindiau'r cyplau ar *Priodas Pum Mil* yn mynd ati i ddewis lleoliad, mae eu penderfyniad yn seiliedig ar yr atebion i'r cwestiynau yma.

Rŵan, dros y cyfresi mae'r amrywiaeth o leoliadau wedi bod yn eang iawn, efo rhesymau penodol y tu ôl i bob un, ac felly dyma ambell enghraifft i'ch ysbrydoli...

Oherwydd eu cariad at y Sioe Frenhinol, roedd priodi Hedd a Gwenllian ar Faes y Sioe yn Llanelwedd yn **gorfod** digwydd! Gan fod y Plough ger Llandeilo yn golygu cymaint i Jon ac Olivia – wedi dathlu penblwyddi, partïon teuluol a'u dyweddïad yno – roedd y ddau wrth eu boddau'n cael priodi yno hefyd. A dim ond **un** dewis oedd yn bosib fel lleoliad i Tom a Charlotte, sef beudy ar y ffarm deuluol – er bod y beudy'n gartre i darw o'r enw Charlie ar y pryd!

Un o'r llefydd sy'n aros yn y cof o ran y trawsnewidiad mwya ydi priodas Manon a Marc. Pan welish i'r bragdy am y tro cynta, doedd gen i'm syniad sut fysan ni'n llwyddo i wneud y lle'n addas i wledd briodas! Ond mi ddaeth pob dim at ei gilydd yn y diwedd, efo lwc, nerth a lot o help teulu a ffrindia.

Trystan

Mae beudy Tom a Charlotte yn enghraifft berffaith i ddangos bod posib addasu unrhyw le i fod yn lleoliad delfrydol i briodas. Wrth gwrs, roedd 'na lwyth o waith clirio a llnau, heb sôn am ddod o hyd i gartre newydd dros dro i Charlie! Ond roedd yr holl waith caled yn werth yr ymdrech yn y pen draw er mwyn cael lleoliad oedd yn golygu'r byd i'r cwpwl a'u teuluoedd.

Efo dipyn bach o ddychymyg, mae unrhyw beth yn bosib. Mi wnaeth teulu a ffrindiau Elin a Steven ddewis sied enfawr ar faes y sioe yng Nghaerfyrddin fel lleoliad i'r wledd oherwydd eu cefndir amaethyddol. Ond roedd y sied yn edrych ormod fel... wel... sied! Felly dyma osod marcî **tu mewn** i'r sied gan greu gofod perffaith a chael y gorau o'r ddau fyd. Defnyddiwyd yr un tric ym mhriodas Elliw a Steen gan osod marcî tu mewn i'r neuadd bentre. I'r cofis dre Allan a Stephanie, roedd priodi yng Nghaernarfon yn bwysig iawn iddyn nhw, felly drwy ddefnyddio llenni neu *drapes* tu mewn i Neuadd y Farchnad, mi gafodd y lleoliad ei drawsnewid yn gyfan gwbl. Mae'r enghreifftiau yma'n dangos bod modd addasu bron â bod unrhyw le er mwyn cynnal priodas unigryw a phersonol.

Mae goleuadau yn gwneud gwyrthiau! Ewch amdani efo'r goleuadau bach – maen nhw wir yn gallu trawsnewid stafell, ac mae llogi up lights yn ddigon rhesymol ond yn gwneud gwahaniaeth mawr. Opsiwn arall ydi llogi llenni neu drapes i orchuddio'r waliau – ond gall hyn fod yn reit gostus felly gwnewch eich gwaith ymchwil cyn penderfynu ar hyn yn bendant, rhag ofn i chi gael eich siomi.

Alaw

Does dim dwywaith, mae trefnu priodas mewn lleoliad 'gwahanol' yn lot o waith ac yn ddibynnol ar faint o'r gwaith 'dach chi am ei wneud eich hun ac a oes gennych chi'r amser a'r gefnogaeth. Os ydi'r gyllideb yn caniatáu, mae'n bosib cael cwmni proffesiynol i wneud llawer o'r gwaith addurno i chi. Mae'n bosib hefyd, ar ôl trafod ymysg eich gilydd a gofyn y cwestiynau hollbwysig, y dewch chi i'r casgliad mai lleoliad sydd efo'r profiad a'r arbenigedd o gynnal priodasau sydd orau i chi.

Mwynhewch y chwilio ac ewch ar ymweliadau – mae gan bob gwesty a lleoliad sydd wedi arfer cynnal priodasau bob math o syniadau a chyngor, ac oherwydd hyn mae'n gallu lleihau tipyn ar y stress i chi fel cwpwl! Ond peidiwch â phoeni, mae 'na ddigon o ffyrdd i wneud lleoliad fel hyn yn bersonol ac yn unigryw – mi gewch chi'r cynghorion yma yn nes ymlaen yn y llyfr!

O 'mhrofiad i yn gweithio ar Priodas Pum Mil, mae'r broses o wneud y gwaith trefnu, boed hynny'n briodas DIY neu'n briodas mewn gwesty neu leoliad pwrpasol, yn ffordd wych o ddod â dau deulu at ei gilydd ac i ffrindiau o'r ddwy ochr gael cyfle i ddod i nabod ei gilydd yn well. Falle fod trefnu priodas yn swnio fel sialens enfawr ar yr olwg gynta, ond o'i wneud un cam ar y tro, mi fydd hi'n haws o lawer i gadw trefn ar bethau. Ac unwaith 'dach chi'n penderfynu ar leoliad, wel, dyna pryd mae'r hwyl go iawn yn cychwyn!

Mae manteision ac anfanteision o gynnal priodas mewn gwesty neu mewn cae; jyst cofiwch fod rhaid cael *plan B* rhag ofn iddi fwrw glaw. Peidiwch â meddwl amdanyn nhw fel *plan A* a *plan B* achos mae hynny'n gwneud i *plan B* deimlo fel opsiwn salach na *plan A*. Dydi o ddim o gwbl, jyst opsiyna ydyn nhw. Yn y briodas gynta yn hanes y gyfres, mi wnaethon ni benderfyniad munud ola i symud y gwasanaeth tu allan gan fod y tywydd yn caniatáu. Roedd hyn lai na chwarter awr cyn i bawb gyrraedd! Mi weithiodd yn berffaith i briodas hyfryd Iolo a Nia.

Trystan

Ambell awgrym am y lleoliad...

Mae'r gwaith o drefnu priodas mewn pabell neu farcî, mewn gwesty neu mewn lleoliad arbenigol sy'n cynnal priodasau yn amrywio cryn dipyn. Dyma felly ambell beth i'ch helpu chi i bwyso a mesur pob opsiwn...

Pabell neu farcî/lleoliad unigryw	Gwesty	Lleoliad priodasol arbenigol
Llogi pabell, marcî neu ti-pi ddigon o flaen llaw, neu sicrhau bod y lleoliad ar gael ar eich diwrnod – a digon o le yno. Cofiwch ddewis cae fflat! Mae'n swnio'n amlwg, ond wir i chi, mae'n hawdd anghofio!	Bydd angen bwcio'r gwesty fisoedd/blynyddoedd o flaen llaw a rhoi bras amcan o nifer y gwesteion.	Bydd angen bwcio'r lleoliad yn fuan a sicrhau bod y lle'n gallu dal digon o bobol ar gyfer y wledd.
Bydd angen trefnu bod toiledau a digon ohonyn nhw.	Bydd toiledau yn y gwesty.	Toiledau yno gan amla.
Bwcio darparwyr bwyd neu gwmni arlwyo – a hynny ddigon o flaen llaw – heb anghofio trefnu bar (sydd weithie'n gost ychwanegol). Eu holi hefyd ydyn nhw'n darparu'r llestri a'r gwydrau.	Y gwesty fydd yn darparu'r bwyd felly yn aml eu bwydlen nhw fydd yr unig opsiwn ichi. Bydd bar mewn gwesty. Bydd rhaid holi a oes posib cynnig diod benodol neu arbennig o'ch dewis chi.	Gall hyn amrywio – weithie mae angen cwmni arlwyo os nad ydi'r lleoliad yn darparu hynny ac weithie mae angen cael bar yn ychwanegol hefyd.
Cael cwmni i ddarparu dodrefn (byrddau a chadeiriau) a syniad arall ydi chwilio mewn siopau elusen am ddodrefn i'w huwchgylchu. Gallwch wedyn greu ardaloedd yn ogystal â lle i fwyta. Mae rhywbeth mor syml â bêls gwair hefyd yn effeithiol!	Bydd gan y gwesty fyrddau a chadeiriau. Mae posib y bydd gwahanol fathau ar gael ichi – byrddau hir/crwn, mawr/bach i weddu i'r wledd. Hefyd, mae rhai gwestai yn cynnig gorchuddion i'r cadeiriau yn rhan o'r pris.	Yn ddibynnol ar y niferoedd – falle bydd angen sicrhau bod mwy o ddodrefn os oes lot o westeion.
Trafod lle fydd y parcio a chael rhywun yn gyfrifol am roi cyfarwyddiadau i'r gwesteion ar y diwrnod.	Bydd maes parcio gan amla, ond gwell holi rhag ofn.	Mae'n debygol y bydd lle i barcio, ond byddai'n dda cael rhywun i roi cyfarwyddiadau i'r gwesteion fel ma nhw'n cyrraedd.
Trefnu DJ/band a sicrhau bod digon o bŵer – ac unrhyw offer ychwanegol i gynnal disgo ar gyfer y parti nos. Mae'n werth holi'n lleol hefyd a oes unrhyw reolau am chwarae cerddoriaeth yn hwyr yn y nos – a gwirio a ydi'r sŵn yn cario!	Ar gyfer y parti, gall y gwesty awgrymu DJ/band sy'n lleol neu sydd wedi arfer dod i'r gwesty.	Mae angen trefnu DJ/band a sicrhau bod yr offer angenrheidiol ar gyfer cynnal disgo yno.

Y seremoni

Alaw Griffiths

Y 'gwnaf' yw ein haf o hyd,
Y 'gwnaf' yw ein gwên hefyd.

Addasiad o 'Priodas', Tudur Dylan Jones

Pan fyddwch chi wedi dewis lleoliad y wledd, gallwch symud ymlaen i roi trefn ar y seremoni neu'r gwasanaeth. Dyma sy'n digwydd gyntaf ar ddiwrnod priodas gan amlaf, a dyma elfen bwysicaf y diwrnod i'r rhan fwyaf o gyplau. Does dim ots a ydi'r seremoni'n para ugain munud neu awr a hanner, mae'n rhaid i'r rhan yma o'r diwrnod fod yn hollol berffaith, gan mai dyma pryd y byddwn ni'n eich clywed yn datgan cariad oes i'ch gilydd.

Mae rhai o deuluoedd a ffrindiau'r cyplau ar y rhaglen wedi meddwl y tu allan i'r bocs wrth ddewis lleoliad y seremoni — ar drên, ar draeth ac o dan ddaear, hyd yn oed! Ond mae seremoni Danny a Nia yn aros yn y cof oherwydd iddyn nhw briodi yn ystod y Cyfnod Clo. Cafodd y seremoni ei chynnal yn eu fflat efo Elin Fflur yn arwain y gwasanaeth dros Zoom. Mae hyn yn dangos mai datgan eich cariad at eich gilydd drwy'ch addunedau ydi rhan bwysica'r diwrnod, ac mi all hynny ddigwydd yn unrhyw le.

Emma

Er ei bod hi'n hollol bosib i chi briodi dramor yn y rhan fwyaf o wledydd, dwi am ganolbwyntio ar briodi yng Nghymru yn y bennod hon. Os ydi'ch bryd chi ar briodi dramor, y cyngor fyddai i gysylltu yn y lle cyntaf efo'r awdurdodau lleol lle 'dech chi am briodi i'w holi nhw beth fydd angen i chi ei wneud.

Dwi'n gredwr cry' mewn cael cerddoriaeth o unrhyw fath, nid yn unig yn y seremoni ond ar unrhyw adeg o'r diwrnod, achos mae'n creu awyrgylch fydd yn gwneud i bawb deimlo'n gartrefol ac yn tynnu'r ffurfioldeb o betha. O Bryn Fôn i Calvin Harris ac o Elin Fflur i Johnny Cash, 'dan ni 'di cael nhw i gyd ar *Priodas Pum Mil* — hyd yn oed perfformiad byw gan Eden yn un seremoni!

Trystan

Mae tri phrif fath o seremoni briodasol yng Nghymru:

1. gwasanaeth crefyddol mewn capel, eglwys neu adeilad crefyddol arall;
2. seremoni sifil mewn swyddfa gofrestru neu leoliad trwyddedig;
3. seremoni sy'n cael ei harwain gan weinydd seremonïau (*celebrant*), yn unrhyw le yn y wlad, ond sydd ddim yn gyfreithlon.

Cyn penderfynu ar y math o seremoni yr hoffech ei chael, mae angen i chi gael gwybodaeth glir ynglŷn â natur gyfreithiol y seremoni. Bydd gan y sawl sy'n arwain y seremoni eu canllawiau penodol eu hunain, boed yn arweinydd crefyddol, yn gofrestrydd neu'n weinydd, felly cysylltwch efo nhw fel man cychwyn i'ch rhoi ar ben ffordd.

Un o'r mathau mwyaf poblogaidd o seremoni yng Nghymru o hyd ydi gwasanaeth crefyddol mewn capel neu eglwys. Os mai dyna eich dewis, y cyngor gorau ydi cysylltu'n gyntaf efo'r lleoliad crefyddol a'r sawl fydd yn arwain y gwasanaeth i drafod ac i weld beth sydd angen ei wneud er mwyn cynnal eich seremoni yno. Fel arfer, mae angen i gyplau sydd am briodi mewn gwasanaeth crefyddol gyflwyno rhybudd i'r swyddfa gofrestru, oni bai bod y gwasanaeth yn cael ei gynnal mewn eglwys yng Nghymru (ac mae eithriadau i hyn hefyd). Os oes angen i chi drefnu cofrestrydd, cofiwch wneud hynny cyn gynted â phosib, neu mae peryg i chi beidio â gallu priodi ar yr amser — neu hyd yn oed ar y dyddiad — sydd gennych chi mewn golwg. Ac os mai seremoni ryng-grefyddol lle mae modd cyfuno dau ddiwylliant 'dech chi'n dymuno ei chael, yna mae hynny'n hollol bosib hefyd. Trafodwch bob elfen o'r seremoni efo'r sawl fydd yn arwain y gwasanaeth a gofynnwch gwestiynau os nad ydi rhywbeth yn glir.

Mae anifeiliaid wedi chwarae eu rhan mewn sawl priodas yn y gyfres. Un syniad hyfryd ym mhriodas Carolyn a Ger o Ynys Môn oedd rhyddhau dwy golomen wen y tu allan i'r capel ar ôl eu seremoni. Mi 'dan ni wedi cael tylluan yn cario'r modrwyau ym mhriodas Deiniol a Sorrell, a fysach chi byth yn credu pa mor ciwt mae ci yn gallu edrych mewn *top hat a thei!*

Emma

Mae swyddfa gofrestru'r Cyngor Sir a nifer o fannau trwyddedig eraill yn lleoliadau delfrydol os nad ydech chi am gael gwasanaeth crefyddol ond eich bod chi am briodi'n gyfreithlon. Dyna wnaeth Hedd a Gwenllian wrth briodi ar Faes y Sioe Frenhinol yn Llanelwedd. Ond cofiwch mai eich cyfrifoldeb chi ydi trefnu bod cofrestrydd yn bresennol. Yn ôl y gyfraith, gall cyplau hoyw briodi'n gyfreithlon mewn seremoni sifil neu mewn lleoliad crefyddol sydd wedi dewis cynnal gwasanaethau priodas cyfreithlon i gyplau hoyw. Cysylltwch â'r lleoliadau yma'n uniongyrchol i ofyn a ydi'r dewis yma ar gael. Ar ôl gwneud eich gwaith ymchwil, byddwch yn gallu rhoi trefn fwy pendant ar y seremoni ac archebu'r hyn sydd ei angen arnoch chi – lleoliad, cofrestrydd ac ati – a symud ymlaen efo gweddill y trefnu.

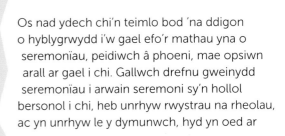

Os nad ydech chi'n teimlo bod 'na ddigon o hyblygrwydd i'w gael efo'r mathau yna o seremonïau, peidiwch â phoeni, mae opsiwn arall ar gael i chi. Gallwch drefnu gweinydd seremonïau i arwain seremoni sy'n hollol bersonol i chi, heb unrhyw rwystrau na rheolau, ac yn unrhyw le y dymunwch, hyd yn oed ar ben mynydd neu wrth badlfyrddio yn y môr! Mae priodi yn yr awyr agored wedi dod yn boblogaidd iawn ers Covid, a'r briodas gyntaf ar *Priodas Pum Mil* ar ôl y Clo Mawr oedd priodas awyr agored Lucy a Mair ym Melin Llynon, efo pob elfen y tu allan, o'r seremoni i'r bwyd a'r disgo (a dyna lwcus oedden ni o'r tywydd!). Felly meddyliwch yn greadigol a gwnewch beth sy'n iawn i chi. Ond cofiwch, os 'dech chi am briodi yn unrhyw le o dan arweiniad gweinydd seremonïau, nid seremoni gyfreithiol gewch chi. Felly bydd angen trefnu eich bod yn priodi yn gyfreithlon yn swyddfa'r cofrestrydd ar ddiwrnod arall. Ers cyfnod Covid, mae'n opsiwn bellach i briodi'n gyfreithlon efo cofrestrydd yn yr awyr agored mewn lleoliadau trwyddedig. Holwch y Swyddfa Gofrestru i weld beth sy'n bosib.

Y cyngor pwysicaf gen i ydi i ofyn am gyfarfod cyn gynted â phosib er mwyn deall beth sy'n bosib fel man cychwyn. Cofiwch ofyn digon o gwestiynau a meddwl yn ofalus beth sydd orau i chi fel cwpwl. Bydd hyn yn eich galluogi i wneud penderfyniadau ac i symud ymlaen yn hyderus efo gweddill y gwaith trefnu.

Un seremoni fydd yn aros efo fi am amser hir ydi un Euron ac Emma wnaeth briodi yng Nglynllifon. Mi oedd y ddau wrth eu bodda efo'r derwydd Kris Hughes sy'n arbenigo mewn seremonïau *handfasting* – sy'n golygu clymu dwylo'r naill a'r llall efo rhuban a hynny'n symbol o ymrwymiad y ddau i'w gilydd. Roedd geiriau a hiwmor Kris mor berthnasol ac yn hollol arbennig a'r seremoni yn gweddu i'r ddau i'r dim.

Trystan

23

Darlleniadau posib mewn seremoni briodas

Beth bynnag ydi eich dewis, mae wastad cyfle i chi bersonoli'r seremoni neu'r gwasanaeth – mae'n gyfle i uno diwylliannau ac i roi blas ar wahanol draddodiadau. Os 'dech chi'n cael gwasanaeth Cristnogol mewn capel neu eglwys, mi allai'r sawl fydd yn arwain y gwasanaeth awgrymu darlleniadau Beiblaidd. Dyma rai darlleniadau a fyddai'n gallu cael eu defnyddio fel rhan o unrhyw seremoni yn yr iaith Gymraeg:

Priodas
(detholiad)

Dwy galon, un dyhead,
Dwy dafod ond un iaith,
Dwy raff yn cydio'n ddolen,
Dau enaid ond un daith.
Fe fydd cwmnïaeth yn parhau,
Nid oes unigrwydd lle bo dau.

Dic Jones

Mi gerddaf gyda thi

Mi gerddaf gyda thi dros lwybrau maith,
A blodau, cân a breuddwyd ar ein taith;
I'th lygaid syllaf i a dal dy law:
Mi gerddaf gyda thi, beth bynnag ddaw.

Mi gerddaf gyda thi pan fydd y lloer
Fel llusern yn y nen ar noson oer.
Addawaf i ti 'nghalon i yn llwyr:
Mi gerddaf gyda thi drwy oriau'r hwyr.

Mi gerddaf gyda thi drwy weddill f'oes,
Pan fydd yr haul ar fryn, neu'r dyddiau'n groes;
A phan ddaw'r alwad draw, pwy ŵyr pa awr,
Mi gerddaf gyda thi i'r freuddwyd fawr.

Anhysbys

Sôn am gariad
(ar achlysur priodas)

Mae 'na sôn am daith,
rhyw lwybr maith.
Sôn am gydgerdded y lonydd
drwy'r tywydd teg a'r stormydd.
Mae 'na sôn am fôr o gariad,
sôn am angor, sôn am geidwad.
Sôn am dyfu gwreiddiau,
ac adeiladu gyda dur,
tra bo dau.

Ac yn suo rhwng y sôn,
yn llechu rhwng y llinellau,
mae geiriau eraill,
eich geiriau chi.

Nawr,
cewch chithau rannu'r cyfan.
Mynd ati i sôn a siarad,
a chreu eich syniad eich hun
o'r hyn sy'n cael ei alw'n gariad.

Anni Llŷn

Cynghorion doeth

Trystan Ellis-Morris

Cwlwm caled yw priodi,
Gorchwyl blin gofalus ydi;
Y sawl nis gwnaeth ni ŵyr oddi wrtho,
Ond caiff wybod pan 'i gwnelo.

Anhysbys (hen bennill)

Un peth mae'r tri ohonon ni'n ei wybod yn **dda iawn** ydi pa mor *stressful* mae trefnu priodas yn gallu bod ar adega! Ond dydw i ddim isio i hynny roi neb *off*, achos mae'r siwrna i drefnu eich diwrnod perffaith yn un sy'n mynd i aros efo chi am byth. Be sy'n fanteisiol i deuluoedd y cypla sy'n priodi ar *Priodas Pum Mil* ydi fod ganddyn nhw ni'n tri i'w harwain ar hyd y ffordd, i fod yn glust i wrando ac i drio tawelu unrhyw bryderon (gora y medrwn ni!). Ac o ran y ddau sy'n priodi, wel, does ganddyn nhw ddim syniad o gwbl o'r hyn fydd yn aros amdanyn nhw – mae'r cyfan yn nwylo eu teulu a'u ffrindia. Un o'r petha gora i fi wrth weithio ar y gyfres ydi gweld ymateb y cypla i'r holl syrpreisys sydd wedi eu trefnu, ac mae 'na lwyth ohonyn nhw. O'r gacen i'r *favours*, o'r ceir i'r addurniada, mae'r ffaith fod pawb wedi gweithio mor galed i sicrhau diwrnod perffaith yn golygu cymaint i'r cwpwl.

Heb os, mae trefnu diwrnod priodas yn gallu bod yn straen. Dydw i ddim wedi dod ar draws yr un cwpwl hyd yma sydd heb deimlo'r straen ar ryw adeg ar hyd y daith, felly 'dech chi ddim ar eich pen eich hun, dwi'n addo. Y prif reswm am y straen o 'mhrofiad i ydi gwleidyddiaeth, a'r prif reswm am y wleidyddiaeth ydi diffyg cyfathrebu. Felly cofiwch fod yn agored, gan annog eraill i fod yn agored efo chi hefyd, fel bod pawb yn deall ei gilydd o'r dechrau.

Alaw

Mi all cael help teulu a ffrindia fod yn ffordd dda o leihau'r straen ar gyfer unrhyw briodas, a deud y gwir. Gofynnwch am eu help, achos nhw sy'n eich nabod chi ora. Peth arall sy'n syniad da ydi gwneud gymaint ag sy'n bosib o flaen llaw a llunio rhestr o'r petha mwya i'w sortio. Dyma un peth sy'n anodd i ni ei wneud ar *Priodas Pum Mil*, ond os 'dach chi'n trefnu priodas flwyddyn neu ddwy o flaen llaw, mae manteision di-ri o gael rhestr flaenoriaetha o be 'dach chi'n gallu ei wneud cyn y dyddiad. Mae hynny'n mynd i helpu lot i leihau'r straen yn ystod y misoedd a'r wythnosa jyst cyn y diwrnod mawr. Os 'dach chi am gael priodas *DIY*, hynny ydi, y cyfan o *scratch*, mae angen meddwl am gymaint mwy o betha o ran y trefnu a'r ochr greadigol, ond i mi, mae o'n gwneud y broses hyd yn oed yn fwy cyffrous a phersonol. Ewch amdani!

Rhywbeth pwysig i'w ystyried ydi sgidiau! Nid pob priodferch sy'n hapus i wisgo sodlau uchel ar ddiwrnod ei phriodas. Wna i ddim anghofio rhoi 'gwers' i Carolyn (yng nghyfres gynta *Priodas Pum Mil*) sut i gerdded mewn sodlau! Merch treinyrs oedd Carolyn — a syrpréis neis iddi ar y diwrnod oedd rhoi pâr o dreinyrs â mymryn o sawdl iddi. Roedden nhw'n gyfforddus, yn osgeiddig ac yn fwy na dim, yn driw i bersonoliaeth Carolyn!

Emma

Blaengynllunio! Y cyngor pwysica fedra i ei roi ydi blaengynllunio, reit o'r dechrau. Trefnwch daenlen sy'n cynnwys pob dim sydd angen ei wneud, a nodi pryd i'w wneud. Mae'n rhoi pob dim mewn persbectif ac yn help hefyd i gael pawb arall i helpu a gweld yn glir beth sydd angen ei wneud.

Alaw

Mae emosiyna'n gallu amrywio wrth i deuluoedd, ffrindia a chyd-weithwyr ddod at ei gilydd am y tro cynta ers sbel. Mae hynny'n wir am unrhyw sefyllfa a does 'na ddim un teulu na chriw o ffrindia yn eithriad i hynny. Ond mi 'dan ni fel cyflwynwyr *Priodas Pum Mil* yn gallu bod yn hollol niwtral i bob dim, gan gynnig clust i wrando a chysur pan mae angen. Dydi'r ffaith fod 'na gamera yn ffilmio pob dim ddim wastad yn hawdd i bawb, ond mae o'n aml iawn yn gallu bod yn rhyw fath o *icebreaker* wrth dynnu cocs – a dwi'n giamstar am wneud hynny! Ond o ddifri, mae sefyllfaoedd teuluol pawb yn wahanol a rhaid bod yn sensitif i hynny. Dydi pawb ddim o hyd yn cyd-dynnu. Ond beth bynnag ydi'r tensiwn sy'n debygol o achosi gofid, mae'n bwysig siarad am y peth. Gofynnwch iddyn nhw fod yn garedig a rhoi pob dim i'r naill ochr am un diwrnod. Dydi hynny wir ddim yn ormod i'w ofyn! Os mai 'na' ydi'r ateb, ella fod rhaid ystyried o ddifri os 'dach chi am roi gwahoddiad iddyn nhw. Y peth dwytha 'dach chi angen ydi teimlo *on edge* drwy'r dydd. Sefyllfa boenus ac anodd, ond mae'n well o lawer i drafod hyn reit ar y dechra yn hytrach na mynd yn sâl yn poeni am y peth yn ystod y misoedd sy'n arwain at un o ddiwrnoda gora eich bywyd.

Mae diwrnod priodas hefyd yn gallu bod yn anodd ac yn sobor o unig i sawl un os oes profedigaeth wedi bod. Siaradwch am hyn yn agored efo'r teulu cyn penderfynu a oes angen tynnu sylw at y peth yn ystod y diwrnod. Dwi'n cofio ar un achlysur ar *Priodas Pum Mil* i'r teulu gael profedigaeth yn eitha diweddar – a'r cnebrwng wedi ei gynnal yn yr un capel â'r briodas. Roedd hynny'n hynod o drist, ond dyna oedd unig ddymuniad y cwpwl pan wnaethon ni eu cyfarfod am y tro cynta, sef eu bod nhw'n priodi yn yr un lle. Roedd hi'n braf iawn gallu gwireddu hynny a throi sefyllfa anodd iddyn nhw yn achlysur positif, cynnes a chariadus, gan gofio'n barchus am yr unigolyn oedd ddim yno.

Y peth pwysica oll ydi siarad a thrafod – mae'n naturiol poeni am bob math o betha wrth briodi, ond wrth siarad yn agored am eich teimlada, mi fyddwch chi'n sylweddoli bod y gefnogaeth yna i chi gan bawb, a phob un am i chi gael y diwrnod gora posib.

Er cof am hen ewythr oedd yn golygu llawer i'r briodferch ym mhriodas Hedd a Gwenllian, dyma chwarae recordiad o gôr roedd Wncwl Huw yn aelod ohono yn ystod y seremoni. Roedd hyn yn ffordd hyfryd o deimlo ei fod yno efo nhw. Yn yr un modd, os oes ffrind neu aelod o'r teulu'n methu bod efo chi am ba bynnag reswm, be am eu recordio yn gwneud darlleniad? Neu os ydyn nhw'n gerddorol, eu recordio'n canu a chynnwys hyn yn y seremoni?

Emma

I gofio'n annwyl...

Dyma i chi ambell enghraifft o sut i gynnwys rhywun arbennig sydd ddim efo ni bellach:

- Addurno'r lleoliad efo fframia yn cynnwys eu llunia.

- Mae'r thema *vintage* wedi bod yn boblogaidd iawn yn ddiweddar – be am ddefnyddio hen lestri te sydd wedi bod yn y teulu? Neu hyd yn oed fynd gam ymhellach a chreu canhwylla o fewn y llestri?

- Gwisgo rwbath oedd yn perthyn iddyn nhw – a'i addasu er mwyn ei ailddefnyddio.

- Creu rhyw fath o gysylltiad efo nhw drwy ddefnyddio rwbath amlwg yn ystod y diwrnod, boed hwnnw'n hen gar, yn floda, yn gacen neu'n rhoddion i westeion ar y bwrdd.

- Mi fedrwch chi eu gwneud nhw'n rhan o'r seremoni ei hun hefyd, e.e. canu eu hoff emyn, chwarae eu hoff gerddoriaeth neu ddarllen eu hoff gerdd.

Pob addurn yn ei le

Emma Walford

Dwy galon, un dyhead,
Dwy dafod ond un iaith,
Dwy raff yn cydio'n ddolen,
Dau enaid ond un daith.

O 'Priodas', Dic Jones

Mi welwch chi wrth fynd ati i drefnu priodas fod 'na rai pethau sy'n gorfod cael eu gwneud ac sy'n weddol gyffredin i bob priodas (fel mae'r llyfr yma'n ei ddangos). Ond be sy'n wahanol bob tro ac felly'n gwneud pob priodas yn unigryw ydi'r bobol, ac yn bennaf oll, y cwpwl. Felly, sut mae cael eich personoliaethau chi i lifo trwy'r diwrnod? Un ffordd o wneud hynny ydi drwy ddewis thema i glymu pob dim at ei gilydd. Mae'n ffordd dda o bersonoli'r diwrnod ac yn eich annog chi i feddwl am syniadau diddorol ac unigryw. Mae'n wir fod themâu'n mynd a dod – a does dim o'i le ar ddilyn y *trends* diweddara – ond mae'n braf gweld thema sy'n golygu rhywbeth i'r pâr sy'n priodi.

Be am ddechrau efo thema syml fel lliw? Ym mhriodas Miriam a Joe dewiswyd hoff liw'r briodferch, sef oren, a'i ddefnyddio fel lliw ffrogiau'r morwynion ac yn nhusw blodau'r briodferch. Roedd y lliw yn gweddu'n berffaith i briodas hydrefol ac yn dangos bod lliw penodol neu ddylanwad y tymhorau yn ffordd syml ac effeithiol o ddefnyddio thema i bersonoli'r achlysur.

Rŵan bo' chi 'di cael 'jist' y peth, be am fentro i feddwl oes yna thema arall, benodol ac unigryw, y gallwch chi ei chyflwyno i'r addurniadau mewn unrhyw ffordd? Roedd Lucy a Mair yn glir am thema eu priodas nhw gan fod y ddwy yn caru stori *Alice in Wonderland*! O ail-greu te parti'r Mad Hatter ar gyfer y wledd a chwarae *croquet* ar y lawnt, i gael Richard Holt yn ei *top hat* i arwain y seremoni briodasol, roedd yn ddiwrnod hollol unigryw i'r ddwy ac yn rhoi profiad arbennig i bawb oedd yn y briodas. Mae'r rhestr o bosibiliadau yn ddiddiwedd. Gan fod y môr yn thema ym mhriodas Kerry a Bryn, dyma gael cwch yn y wledd a'i ddefnyddio fel *photo booth*! Roedd Dai a Louise yn caru chwarae bingo felly mi gawson nhw gêm yn ystod y wledd. A gan fod Shan ac Alun yn *connoisseurs* coctels dyma gael Cosmopoli**Shan** ac Espresso **Al**tini fel diodydd croeso!

Dwi wedi dysgu lot fawr am waith crefft a choginio – o wneud sosej rôls i sebonau a bath boms! Nid 'mod i'n honni am eiliad 'mod i'n rhyw fath o arbenigwr erbyn hyn! Mae 'na rwbath braf a chartrefol mewn dod at ein gilydd efo ffrindia a theulu'r ddau sy'n priodi, ac mae'n rhoi cyfle i ni ddod i nabod y pâr yn well a chael lot fawr o hwyl a thynnu coes drwy wneud hynny.

Trystan

Trip i Efrog Newydd wnaeth ysbrydoli'r thema ym mhriodas Emma a Simon. Crëwyd bynting o luniau'r cwpwl yn yr 'Afal Mawr' ac enwi'r byrddau ar ôl llefydd adnabyddus yn y ddinas. Trefnwyd hefyd fod y cwpwl yn cael teithio mewn tacsi melyn eiconig Efrog Newydd... ym Mhen Llŷn!

Un ffordd o gyflwyno thema ydi rhoi enwau i'ch byrddau, fel y gwnaeth Emma a Simon. Mae hyn yn rhywbeth 'dan ni'n ei wneud yn aml ar *Priodas Pum Mil* ac mae'n ffordd hawdd o bersonoli'r lleoliad. Os 'dach chi'n caru pêl-droed, gallwch chi enwi'r byrddau ar ôl chwaraewyr neu dimau arbennig; os 'dach chi'n hoff o deithio, gallwch chi enwi'r byrddau ar ôl yr holl wledydd 'dach chi wedi ymweld â nhw, ac os 'dach chi'n ffermio, be am enwi'r byrddau ar ôl bridiau gwahanol o ddefaid, gwartheg neu geffylau? Mae rhai priodasau yn y gyfres wedi mynd *all out* efo'r thema; rhai eraill yn penderfynu bod yn fwy cynnil, ond mae pob un wedi rhoi gwên nid yn unig ar wynebau'r cwpwl, ond hefyd ar wynebau'r gwesteion – sef y bobol sy'n eu nabod nhw orau!

Ac wrth sôn am y gwesteion, mae'n draddodiad i gynnig rhodd neu *favour* i bawb sydd yn y briodas – ond fel 'dan ni'n ei bwysleisio yn y llyfr yma, does dim rhaid dilyn unrhyw draddodiad, yn enwedig os ydi hynny'n golygu cost ychwanegol. Wedi deud hyn, os 'dach chi am gynnig rhodd fach, yna meddyliwch oes gennych chi hoff ddiod, hoff fisged neu hoff fferins – a gwell fyth os oes aelod o'r teulu yn bragu, yn pobi neu'n cadw siop fferins! Mae'n bosib personoli anrheg syml wedyn efo label yn nodi enwau'r cwpwl a dyddiad y briodas. Yn yr un modd, os oes rhywun yn gwnïo neu'n gwau, yna mae bynting yn ffordd boblogaidd iawn o bersonoli ac addurno'r stafell a 'dan ni wedi cael sawl priodas lle mae aelod o'r teulu wedi gwneud bynting personol i'r cwpwl. Syniad arall ydi benthyg bynting – ffordd dda o ailgylchu!

Un peth na fedrwch chi ei ailgylchu ydi'r gacen briodas, ond mae'n ffordd wych arall o gael aelod o'r teulu neu ffrind sy'n gallu pobi cacennau i fod yn rhan o'ch diwrnod mawr chi. Neu, wrth gwrs, gallwch chi ofyn i ddau gyflwynydd sydd erioed wedi pobi nac addurno cacennau bach, heb sôn am gacen briodas, i fod yn gyfrifol am y dasg, fel y digwyddodd mewn un briodas! Roedd hynny'n syniad doniol iawn i deulu a ffrindiau'r pâr, a'r tîm cynhyrchu, ar y pryd, dwi'n siŵr! Ond fel 'dan ni'n atgoffa pawb yn aml, nid dim ond rhaglen deledu ydi *Priodas Pum Mil* ond diwrnod priodas go iawn a 'dan ni am i'r diwrnod fod yn fythgofiadwy am y rhesymau cywir! Felly dwi'n hoffi meddwl bod ymdrech Trystan a finne efo'r gacen wedi profi hynny... er bo' ni heb ei blasu hi!

Fy hoff ran o *Priodas Pum Mil* ydi'r diwrnod cyn y briodas pan mae popeth yn dod at ei gilydd a'r stafell yn cael ei haddurno'n barod ar gyfer y wledd, a hynny efo help teulu a ffrindiau. Os ydi'r paratoi wedi cael ei wneud o flaen llaw, mae'r diwrnod yma'n gallu bod yn gymaint o hwyl. Cyfle i gael criw da ohonoch chi at eich gilydd i berffeithio pob manylyn ola!

Mae'n bosib arbed tipyn o bres wrth siopa o gwmpas a pheidio â bod yn fyrbwyll. Os 'dech chi'n bobol greadigol, does dim o'i le ar wneud pethau eich hunain er mwyn arbed pres, fel sy'n digwydd ar *Priodas Pum Mil*. Ond cofiwch fod byddin arbennig iawn o deulu a ffrindiau tu ôl i bob un o'r priodasau hynny. Mae angen cymryd gofal a pheidio trio gwneud gormod. Gofynnwch am help, a chadwch lygad barcud ar y gyllideb a'r amserlen fel bod cyfle i chi gael hwyl a mwynhau'r broses o drefnu yn lle poeni am bob dim.

Alaw

Os 'dech chi'n gweld Trystan ac Emma yn gwneud rhywbeth eu hunain ar *Priodas Pum Mil* — maen nhw'n ei wneud o go iawn! Boed hynny'n goginio, yn helpu efo'r addurno neu hyd yn oed efo'r clirio. Mae gweld Trystan efo brwsh yn ei law yn beth digon cyffredin i ni erbyn hyn!

Alaw

Felly ble mae cychwyn? Un peth mae Alaw wedi ei ddysgu i ni ydi pwysigrwydd *floor plan*! Hynny ydi, cyn i bawb gyffroi efo gosod bynting, canhwyllau a'r holl addurniadau eraill, mae angen penderfynu ble i osod y byrddau a'r cadeiriau. Mae angen ystyried ai byrddau hir, sgwâr neu grwn sydd orau. Ble fydd y *top table* a phwy fydd yn eistedd wrtho? Eto, does dim rhaid dilyn arferiad, dim hyd yn oed efo'r *top table* os nad ydi o'n teimlo'n iawn i chi fel cwpwl.

Un o fanteision cynnal y wledd mewn gwesty neu leoliad sydd â phrofiad o drefnu priodasau ydi eu harbenigedd, ac mi all eu cyngor fod yn amhrisiadwy o ran ble a sut i osod y byrddau a'r cadeiriau. Fel arall, mae'n syniad mesur y lleoliad i wneud yn siŵr fod digon o le i bopeth gan gynnwys bwrdd i'r gacen, diodydd croeso a lle i ddawnsio os oes disgo neu fand. Efo hynny mewn golwg, os 'dach chi am gael band byw mae'n werth holi faint o le fydd ei angen ar gyfer eu hoffer. Bydd angen gwneud yn siŵr hefyd fod lle parcio yn agos at y lleoliad er mwyn hwyluso dod â'u hofferynnau a'u system sain i mewn, yn enwedig os daw hi i fwrw glaw!

O ran addurno'r byrddau, tip da arall mae Alaw wedi ei ddysgu i Trystan a finne ydi i arbrofi efo gosod un bwrdd i ddechrau, gan ddefnyddio hwnnw wedyn fel patrwm i bawb ei ailadrodd. Ac un awgrym bach arall – mi all y dasg o osod enwau'r gwesteion ar y byrddau gymryd oriau! Be am osod pob enw fesul bwrdd mewn bagiau unigol? Mi all sbario oriau o ymbalfalu a chwilio i chi! Mae'n wir fod y cynllun eistedd (neu, o bosib, diffyg un!) yn gallu achosi lot o gur pen. Mi allwch chi ddadlau bod gwesteion yn hoffi trefn ac yn hoffi gorfod dilyn cyfarwyddiadau, ac mae gwybod ble ma nhw'n eistedd yn gallu lleihau'r straen iddyn nhw! Ond os 'dach chi am

gael gwledd 'ffwrdd â hi', ymlaciol, efo pawb yn crwydro a chymysgu fel ma nhw isio, mae hynny'n gwbl dderbyniol hefyd – jyst gwnewch yn siŵr fod pawb sy'n helpu i osod y stafell yn gwybod hynny pan ddaw'r diwrnod i addurno!

Mae trefnu priodas o ddim yn gallu cynnig heria di-ri ac mae angen bod yn barod i gyfaddawdu. Ella na fydd pob dim yn berffaith, ond er mwyn cyrraedd y nod mi allwch chi ofyn am help ffrindia a theulu. Holwch y teulu am fenthyg celfi, llestri, canwyllbrenna, jaria, blancedi ac yn y blaen – mae llenwi gofod mawr fel marcî neu sied yn dipyn o her; dyna un peth dwi wedi ei ddysgu ar *Priodas Pum Mil!* Mae'r addurniada yn cael eu llyncu mewn gofod mawr, felly allwch chi byth gael gormod!

Trystan

Y manylion

Alaw Griffiths

Dau a nofia i'r dyfroedd er y cerrynt,
Dau a wêl oleudy'r galon yn gwylio drostynt.
O 'Salm ar ddydd priodas', Menna Elfyn

Mae cymaint o bethau i feddwl amdanyn nhw wrth drefnu priodas. Mae'n amhosib i ni sôn am bopeth – byddai'r llyfr yma'n anferth! – a does dim rhaid i chi ddilyn popeth chwaith, wrth gwrs. Ond yn y bennod hon, dyma grybwyll rhai manylion a chyngor ar sut i fynd ati i'w trefnu.

Gwisqoedd

Un peth sy'n gallu bod yn dipyn o her i rai ydi dewis ffrog briodas. Mae'n rhaid i chi fod yn berson arbennig iawn i adael i rywun arall ddewis eich ffrog briodas drosoch chi, fel sy'n digwydd ar *Priodas Pum Mil*! Dwi'n cofio'r briodas gyntaf un – Iolo a Nia – a mam a chwaer Nia yn rhoi ffrog hen ffasiwn, felynaidd iddi fel jôc. Wna i ddim ailadrodd geiriau Nia! Roedd popeth yn iawn yn y diwedd – mi gafodd hi'r ffrog gywir, diolch byth!

Gan ddibynnu ar eich cyllideb, mi all swmp go sylweddol ohoni gael ei wario ar y ffrog briodas. Ond does dim rhaid! Dwi'n cofio Iola yn dod o hyd i'w ffrog berffaith mewn siop elusen. Mae'n werth chwilio – byddech chi'n synnu faint o ffrogiau newydd sbon, heb eu gwisgo, sydd ar gael!

Emma

45

Os ydi amser yn caniatáu, dwi'n awgrymu dechrau siopa am ffrog briodas tua blwyddyn o flaen llaw. Mae'r rhan fwyaf o siopau angen naw mis o rybudd – i sicrhau bod digon o amser i archebu'r ffrog ac yna i'r person sy'n gwnïo fedru gwneud unrhyw fân newidiadau. Wrth siopa, ewch ag un neu ddau o bobol efo chi i gael cefnogaeth a barn (dim mwy, neu byddwch wedi drysu'n lân!) a chofiwch drio ffrogiau na fyddech chi'n eu hystyried – gallwch gael eich siomi ar yr ochr orau. Does dim rhaid i'r ffrog fod yn wen nac yn llaes – a does dim rhaid gwisgo ffrog o gwbl! Ewch i gael hwyl wrth siopa, a mynd efo beth sy'n iawn i chi.

Os 'dech chi am arbed arian a bod yn fwy 'gwyrdd' ar yr un pryd, mae cael ffrog ail-law neu logi ffrog yn syniad da. Mae sawl ffordd i chwilio am wisgoedd fel hyn – mewn siopau elusen, ar wefannau sy'n gwerthu stwff *vintage* neu efo cwmnïau sy'n llogi dillad ffurfiol. Os nad ydech chi'n rhy hoff o'r syniad o wisgo ffrog sydd wedi ei gwisgo o'r blaen, mae'n bosib chwilio hefyd am ffrogiau priodas newydd sbon sy'n cael eu galw yn *end of line* neu *off the peg*, neu weithie mae sêl i'w chael efo rhai ffrogiau *ex-sample*. Cysylltwch o flaen llaw efo siopau ffrogiau priodas i holi am y rhain – mae'n ddigon posib y cewch chi fargen a hanner!

Mae siopa i'r morwynion a'r gweision yn gallu bod yn dipyn o straen hefyd gan fod siâp pob corff yn wahanol a phawb â chwaeth wahanol hefyd. Dyna pam ei bod hi'n reit arferol erbyn hyn i fynd am wisgoedd amrywiol. Gallwch benderfynu ar baled lliwiau o flaen llaw, a rhoi rhyw fath o ganllaw i'ch morwynion a'ch gweision. Bydd hyn yn golygu bod modd i bawb gael y wisg sydd fwyaf addas i siâp eu corff nhw. Un peth sy'n hanfodol i'w drafod o flaen llaw ydi pwy sy'n gyfrifol am dalu am y gwisgoedd, yr esgidiau ac unrhyw beth arall sydd ei angen. Mae'n bwysig bod yn onest a bod peth hyblygrwydd o'ch ochr chi hefyd i gadw pawb yn hapus. Os ydech chi gyd yn deall eich gilydd reit o'r dechrau, bydd y lefelau straen yn lleihau yn sylweddol – trystiwch fi!

Y cyngor gora o ran dewis dillad i'r dynion ydi dewis rwbath y byddan nhw'n debygol o'i wisgo eto. Mae'n hollol iawn i bawb edrych yn wahanol i'w gilydd, ond mae'n gyffyrddiad bach neis pan mae 'na elfen o berthyn iddyn nhw i gyd, e.e. bod yr un lliw tei ganddyn nhw. Os oes posib gwisgo'r siaced eto efo pâr o jîns, yna gora oll. Ac un rhybudd – os oes 'na un o'r dynion chydig yn fyrrach na'r gweddill, peidiwch â mynd am *tails*!

Trystan

Colur a gwallt

Mae'n braf cael teimlo'n sbesial a chael eich colur a'ch gwallt wedi eu gwneud gan artistiaid proffesiynol ar fore'r briodas. Mae'n gyfle i gael ychydig o oriau ymlaciol o bampro efo'ch ffrindiau agosaf, ac mae'n rhoi cyfle unigryw i aelodau hŷn o'r teulu rannu'r profiad hefyd. Peidiwch â meddwl mai rhywbeth i'r merched yn unig ydi hyn – mae'r dynion angen teimlo yr un mor sbesial ar ddiwrnod eu priodas. Felly ewch amdani, bois! Y peth pwysig i'w gofio ydi bod yr holl beth yn gallu cymryd oriau a does neb eisiau gorfod brysio ar fore eu priodas, felly dyma 'nghyngor i...

Mi all cael person colur a gwallt fod yn brofiad sbesial iawn, nid yn unig i'r briodferch ond hefyd i'r morwynion ac unrhyw un arall sydd isio cael eu sbwylio! Ond mae'n bwysig trafod o flaen llaw pa fath o golur sydd gennych chi mewn golwg. Mae'n bwysig iawn hefyd i chi deimlo fel chi eich hun ar ddiwrnod mor arbennig!

Emma

Mae'n syniad da rhoi'r artist colur a'r steilydd gwallt mewn cysylltiad efo'i gilydd cyn y diwrnod mawr i'w galluogi i amseru eu gwaith yn y bore heb fynd ar draws ei gilydd. Mae'n hollbwysig blaengynllunio a gwneud yn siŵr fod pawb sy'n bwriadu cael colur a steilio'u gwallt ar fore'r briodas yn cael *trial run* o flaen llaw – gall arbed amser ac arian. Os na chewch chi *trial*, mae 'na risg na fydd y colur neu'r gwallt yn plesio. Gall hyn olygu treulio mwy o amser yn ail-wneud popeth a byddai hynny'n creu straen heb angen. Does gen i ddim cof i unrhyw beth felly ddigwydd ar *Priodas Pum Mil...* hyd yma!

Mae trefn yn bwysig iawn! Rhowch drefn ar yr holl ddillad, yn cynnwys dillad isaf, gemwaith ac esgidiau, y noson cynt, a labelu popeth rhag i ffrogiau tebyg gymysgu. Gwnewch yn siŵr hefyd fod eich bag dros nos wedi ei bacio'n barod. Dwi wedi bod mewn degau o briodasau lle mae'n halibalŵ yn y bore efo pawb yn sgrialu i ffeindio'u pethau cyn mynd trwy'r drws! Os trefnwch chi'n ofalus o flaen llaw, gallwch ymlacio'n llwyr a mwynhau pob eiliad o baratoadau'r bore.

Ar *Priodas Pum Mil*, fel rhan o natur y gyfres, mae'n golygu ein bod ni'n gorfod trafod efo nifer o gyflenwyr sy'n darparu petha fel bloda, DJ/band ac arlwyo i'r priodasa. Mae pawb mor glên ac wastad yn barod eu cymwynas. Ond yn realistig, ac yn yr oes sydd ohoni, mae'n rhaid derbyn y pris sy'n cael ei gynnig i chi. Ella fod 'na chydig o *wiggle room* wrth addasu'r pecyn, fel petai, ond mae'n bwysig cofio parchu'r cyflenwyr. Mae'r gwasanaeth sy'n cael ei gynnig gan fusnesa lleol yn hynod o bersonol a does 'na byth unrhyw beth yn ormod iddyn nhw – mae'r gwasanaeth yr un mor bwysig â'r safon ar ddiwrnod mor arbennig!

Trystan

Teithio

I lot o bobol, mae cael teithio mewn car moethus yn rhan fawr o ddiwrnod priodas. Falle mai'r freuddwyd ydi cael ceffyl a throl, ac mae hynny wedi digwydd ambell dro ar *Priodas Pum Mil* – pwy sy'n cofio Stephanie ac Allan yn teithio efo ceffyl a throl o amgylch Caernarfon? 'Den ni hefyd wedi gweld ein Trystan ni yn dreifio bws, a chyplau yn teithio mewn fan Cyngor Sir, tractor, lori, injan dân a chwch – i enwi dim ond rhai!

Prif fantais cael cwmni proffesiynol i ofalu am y drafnidiaeth ydi i chi gael profiad hollol unigryw ar eich diwrnod arbennig, a hynny heb i neb o'ch teulu na'ch ffrindiau orfod cymryd y cyfrifoldeb. Ond os nad ydi'r gyllideb yn caniatáu, a bod car reit smart (neu lori!) gan aelod o'r teulu neu ffrind, manteisiwch ar hynny a gofyn iddyn nhw am ei fenthyg ar gyfer y diwrnod. Mae'n rhaid blaenoriaethu weithie wrth wylio'r geiniog.

Bwyd, diod a'r gacen

Mae trafod y bwyd yn mynd i ddibynnu dipyn ar y lleoliad. Mae gwestai yn cynnig gwahanol becynnau priodasol sy'n cynnwys bwyd a diod, a byddwch yn talu yn ôl y nifer o westeion sydd yn y briodas. Mae rhai'n dewis pryd tri chwrs go sylweddol ddiwedd y prynhawn, a phryd llai o faint (e.e. *buffet*) gyda'r nos. Ond cofiwch mai traddodiad yn unig ydi hyn, a does dim angen glynu ato o gwbl – mae opsiynau di-ri ar gael bellach! Beth am de prynhawn, neu *grazing table,* sy'n boblogaidd iawn ar hyn o bryd? Neu beth am fan *fish and chips* neu bitsa, efo fan hufen iâ ar gyfer pwdin, fel sydd wedi digwydd droeon ar *Priodas Pum Mil*? Mae llawer iawn o gwmnïau arlwyo arbennig yma yng Nghymru – rhowch amser i wneud rhywfaint o waith ymchwil i ddod o hyd i'r rhai sy'n eich siwtio chi. Cofiwch ofyn i'ch gwesteion roi gwybod i chi am unrhyw anghenion dietegol arbennig, gan gynnwys alergeddau, pan fyddwch chi'n anfon eich gwahoddiadau, a phasio'r wybodaeth honno ymlaen at y lleoliad neu'r cwmni arlwyo.

Mae'r bar hefyd wedi ei sortio'n barod mewn gwesty, wrth gwrs, ond gallwch wastad holi am ddiod arbennig sy'n bwysig i chi, a gofyn am 'becyn' diodydd a all arbed arian – un sy'n cynnwys diod groeso, diod ar y bwrdd a diod ar gyfer yr areithiau. Mae sawl opsiwn diddorol ar gyfer lleoliadau sydd heb far hefyd, er enghraifft bar symudol neu drelar unigryw. Mae priodasau dialcohol wedi dod yn boblogaidd yn ddiweddar hefyd, sy'n amlwg yn llai costus... bonws! Byddwch yn hyderus a gwnewch yr hyn sy'n iawn i chi fel cwpwl. Â digon o waith ymchwil, mi ddewch o hyd i gwmni sy'n mynd â'ch bryd chi.

O ran y gacen, mae cymaint o ddewis ar gael – cacen wen tair haenen ydi'r un fwyaf traddodiadol, ac mae cael cacen *semi-naked* sydd â dim ond ychydig o eisin arni yn hynod ffasiynol ers peth amser, neu hyd yn oed llwyth o gacennau bach. Os 'dech chi'n poeni am y gost, beth am ddefnyddio'r gacen briodas fel pwdin yn ystod y wledd a chael dau gwrs yn unig gan y cwmni arlwyo neu'r gwesty? Falle fod gennych ffrind hynod o greadigol fyddai'n gallu gwneud cacen werth chweil i chi, neu beth am gael 'bwrdd pwdinau' yn lle cacen? Os 'dech chi'n styc go iawn, dwi'n siŵr fod Emma a Trystan ar gael!

Beth bynnag ddewiswch chi, dwi'n awgrymu cael sesiwn flasu. Mae trefnu priodas yn gallu bod yn straen, felly cofiwch am y pethau sy'n hwyl hefyd!

Adloniant

Mae Trystan wedi sôn eisoes am bwysigrwydd cerddoriaeth, a dwi'n cytuno'n llwyr. Gall fod ar ffurf perfformiadau byw, neu restr chwarae oddi ar blatfform fel Spotify neu Apple Music. Os 'dech chi'n priodi mewn gwesty, mae ganddyn nhw yn aml iawn gerddoriaeth ddigon addas i'w chwarae fel cerddoriaeth gefndir yn ystod y dydd felly holwch nhw i gael gwybod beth sydd ar gael – gall arbed dipyn o amser paratoi i chi. Fel arall, gallwch greu eich rhestr eich hun, neu drefnu cerddoriaeth fyw – piano, sacsoffon, canu… A gyda'r nos gallwch drefnu band neu DJ (neu'r ddau) neu, eto, gallwch drefnu rhestr chwarae eich hun. Ewch efo beth sy'n teimlo'n iawn i chi. Beth bynnag benderfynwch chi, gwnewch yn siŵr fod system sain wedi ei threfnu.

Os 'dech chi'n awyddus i gadw'ch gwesteion yn ddiddig ar ryw ran benodol o'r dydd, pan fyddwch chi'n tynnu lluniau er enghraifft, mae sawl opsiwn gennych i'w diddanu nhw – gemau gardd, cornel luniau Instagramaidd, consuriwr, neu beth am *caricaturist*? Ar gyfer y nos, gan ddibynnu ar thema eich priodas, gallwch drefnu cwmni paentio wynebau efo *glitter* – ar gyfer y plant, a'r oedolion! Mae sbarclyrs wedi bod yn boblogaidd iawn yn ddiweddar, ac mi wnaethon ni eu defnyddio ym mhriodas Lleucu a Stephen – maen nhw'n rhad, ac yn gallu bod yn drawiadol iawn mewn lluniau (cofiwch ofyn am ganiatâd y lleoliad yn gyntaf, a byddwch yn ofalus). Meddyliwch beth fyddai'n eich siwtio chi fel cwpwl, ac ewch amdani.

Papurach priodas

Gan amlaf, y gwahoddiadau neu'r nodyn 'cadwch y dyddiad' ydi'r peth cyntaf y bydd eich gwesteion yn ei weld. Rhain fydd yn gosod y teimlad, os liciwch chi, ar gyfer y diwrnod cyfan. Bydd eich gwesteion, o bosib, yn dod i ddeall pa fath o wisg fydd angen iddyn nhw ei pharatoi dim ond wrth weld eich gwahoddiad chi! Felly mae angen gwneud yn siŵr fod rhain yn cyd-fynd â'r awyrgylch y byddwch chi'n ei greu ar gyfer gweddill y diwrnod. Yn yr un modd, mae angen i'r arwyddion, y cynllun eistedd, a'r holl ddeunydd fydd ar y byrddau ddilyn yr un thema â'r gwahoddiadau. Dyma pam mae blaengynllunio mor bwysig.

Ar raglen *Priodas Pum Mil*, y teulu a'r ffrindiau efo help Trystan ac Emma sydd fel arfer yn cynhyrchu'r rhain i gyd. Dwi wrth fy modd efo hyn – mae rhywbeth arbennig iawn ynglŷn â chynhyrchu eich deunydd priodas eich hun – ond gwyliwch nad ydech chi'n gwneud gormod o bethau eich hun achos mi all achosi lot o gur pen! Os nad oes digon o amser gennych, mae'n werth cysylltu efo cwmnïau proffesiynol i weld sut y gallan nhw eich helpu.

Ffotograffiaeth a ffilm

Mae'r llyfr yma'n llawn lluniau hyfryd o wahanol briodasau, ac mae hynny am reswm – maen nhw wedi eu tynnu gan ffotograffwyr proffesiynol sy'n arbenigo mewn priodasau. Fedra i ddim pwysleisio pa mor bwysig ydi hi i ddewis ffotograffydd proffesiynol ar gyfer eich priodas. Dwi wedi clywed y frawddeg 'Mae ffrind i ffrind yn tynnu lluniau fel hobi' gymaint o weithie, heb iddyn nhw sylweddoli bod tynnu lluniau priodas yn gyfrifoldeb anferth, boed yn ffotograffiaeth neu'n ffilm. Mae'n gofyn am gyfuniad gofalus o sgìl, talent a phrofiad. Felly'r cyngor sydd gen i ydi i bwyllo a siopa o gwmpas am ffotograffydd a gwneuthurwr ffilm sy'n siwtio eich steil a'ch cyllideb chi. Wnewch chi ddim difaru – gaddo!

Mae'n syniad da i gael un o'ch ffrindia i ofalu am hel pawb at ei gilydd ar gyfer tynnu llunia. Yn ddelfrydol, fysa dau yn grêt – un i aros efo'r ffotograffydd ac i wneud yn siŵr fod y criw nesa'n barod, a'r llall i fugeilio pawb at ei gilydd. Mae 'na dueddiad o ddili-dalio wrth dynnu llunia. Dwi'n gaddo, os wnewch chi ddilyn y tip yma, mi fyddwch chi'n gynt i'r bar – ffaith!

Trystan

Y blodau

Mae blaengynllunio yn rhywbeth dwi'n ei bwysleisio drosodd a throsodd, ac mae'r un peth yn wir wrth ddewis cynllunydd blodau. Byddai cael un sy'n lleol i'r lleoliad yn gwneud synnwyr yn ariannol gan fod angen iddyn nhw ddarparu'r blodau a'u gosod nhw eu hunain, gan amlaf, felly mae'n lleihau costau teithio. Mae dewis cynllunydd blodau sydd â gardd dorri ei hun yn mynd i arbed costau hefyd – ac yn fwy caredig i'r amgylchedd – gan na fydd angen mewnforio'r blodau. Byddwch yn ofalus wrth ddewis blodau mewn cylchgrawn neu ar Pinterest – dydi pob blodyn ddim ar gael ym mhob tymor. Y peth gorau i'w wneud yn gyntaf oll ydi trefnu cyfarfod efo cynllunydd blodau i holi beth fydd ar gael tua chyfnod eich priodas chi, rhag ofn i chi ddisgyn mewn cariad efo math arbennig o flodyn a chael siom enfawr wrth ddeall na fydd ar gael yn ystod rhyw fis penodol.

I leihau'r costau ymhellach, dewiswch osodiad blodau fyddai'n gallu cael ei gludo o un lle i'r llall, e.e. os 'dech chi'n cael blodau yn lleoliad y seremoni, defnyddiwch yr un blodau ar gyfer y bwrdd mawr yn y gwesty (cofiwch drefnu bod rhywun yn gyfrifol am y gwaith o'u cludo!). Mae hyblygrwydd yn hollbwysig wrth ddewis blodau – ac mae'n hollol ddibynnol ar y gyllideb hefyd.

Trefnydd neu gydlynydd priodas

Mae gan y rhan fwyaf ohonom fywydau prysur yn llawn cyfrifoldebau – swyddi, teulu, cadw tŷ – ac ychwanegwch drefnu priodas ar ben hyn i gyd... gallwch ddychmygu'r straen. Mae cael trefnydd priodas yn gallu golygu torri ar y gwaith ymchwil wrth ddod o hyd i gyflenwyr, gan fod ganddyn nhw gysylltiadau cryf efo cyflenwyr gwerth chweil yn barod. Gall hyd yn oed dorri ar gostau'r briodas gan fod rhai trefnwyr yn cael gostyngiad gan y cyflenwyr (sydd yn cael ei drosglwyddo'n syth i chi, y cwsmer).

Byddai cael cydlynydd ar y diwrnod yn golygu bod popeth yn saff yn eu dwylo nhw fel nad oes angen i chi drosglwyddo unrhyw ddyletswyddau i'ch teulu a'ch ffrindiau. Gall pawb ymlacio'n llwyr a mwynhau pob eiliad o'r diwrnod mawr.

Mae hi'n wir yn werth ystyried hyn yn ofalus ond, wedi dweud hyn oll, os ydi'ch cyllideb chi'n rhy dynn, yna dilynwch gyngor Trystan yn y bennod nesaf, a gwneud yn siŵr eich bod yn rhoi jobsys i'ch teulu a'ch ffrindiau o flaen llaw, fel bod pawb yn gwybod beth maen nhw'n ei wneud. Wrth wneud hynny, cewch osgoi cwestiynau di-ri ar y diwrnod, ac eistedd yn ôl i fwynhau heb boeni dim am y trefniadau.

Y diwrnod mawr... ac ymlacio!

Trystan Ellis-Morris

Tri amod pob priodas:
Serch, mynedd a chymdeithas;
Y cynta'n hir, yr ail yn hwy,
A'r ola'n rhwym o'ch cwmpas.
O 'I Alwen a Garmon', Eurig Salisbury

Reit, trefn! Mae'n angenrheidiol trafod sut mae llwyddo i gael y diwrnod i redeg mor ddi-lol â phosib ac mae Alaw ni yn giamstar ar hyn. Un o'n prif gyfrifoldeba ni ar *Priodas Pum Mil* ydi gwneud yn siŵr fod y diwrnod yn mynd mor llyfn â phosib, ac yn glynu'n eitha agos at drefn y dydd, ac mae Alaw yn un dda am lywio'r llong a sicrhau bod hyn yn digwydd. Pan mae'r diwrnod mawr yn cyrraedd, mae'n hollbwysig fod y pâr sy'n priodi yn cael diwrnod i'w gofio – ac yn gallu ymlacio.

Sut mae llwyddo i wneud hynny? Wel, dwi wir yn teimlo bod rhaid rhannu pob math o ddyletswydda i unigolion eraill sy'n rhan o'r diwrnod mawr – y morwynion, y gweision a'r tywyswyr neu'r *ushers* yn bennaf, ond hefyd unrhyw un arall sy'n fodlon helpu. I fi, y prif reswm dros gael y bobol yma o'ch cwmpas chi ydi i fod yn gefn ar hyd y daith ac i helpu a thorchi llewys ar y diwrnod. Trafodwch hyn efo nhw o'r cychwyn cynta, ac wrth i'r briodas agosáu ewch dros y manylion efo nhw i wneud yn siŵr eu bod nhw'n gwybod be ydi eu dyletswydda a phryd i'w gwneud nhw. Mae hyn hefyd yn esgus i gael pawb at ei gilydd am swpar a drinc bach cyn diwrnod y briodas.

Dwi bob amser yn rhannu amserlen efo pawb sydd â rhyw ddyletswydd ar y diwrnod. Dim rhaid cael un ffansi – jyst un syml a chlir sy'n hawdd ei dilyn ar ddiwrnod prysur. Mae'n rhoi syniad i bawb o sut mae'r pâr sy'n priodi eisiau i'r diwrnod redeg ac yn arbed lot o gwestiynau diangen hefyd, fel y gallwch chi fwynhau'r diwrnod.

Alaw

Dwi wedi gorfod gwneud pob math o betha ar fyr rybudd i helpu cyn neu yn ystod y diwrnod mawr – o wisgo trowsus y priodfab er mwyn eu stretsio, i newid bylbs a pharatoi'r gacen! Mi roedd popeth yn mynd yn dda efo'r gwaith o drefnu priodas Gareth ac Emma – a Gareth â'i fryd ar wisgo trowsus *skinny*. Ond pan gyrhaeddodd y trowsus (y noson cyn y briodas) ar ôl ei archebu ar-lein, roedden nhw'n edrych yn fwy fel legins na *skinny fit* ar Gareth! Gan fod gan Gareth ddigon ar ei blât, dyma fi'n cynnig helpu mymryn drwy wisgo'r trowsus fy hun a gwneud chydig o ymarfer corff ynddyn nhw er mwyn eu stretsio... rwbath yn debyg i *aerobics*, a hynny o flaen Emma ni ac Alaw noson cyn y briodas! Dwi ddim yn meddwl i mi erioed ymddiheuro am wneud iddyn nhw ddiodda'r fath olygfa – felly sori, genod. Mae Emma hefyd wedi gwneud ei siâr, gan gynnwys canu yn y gwasanaeth efo Eden ym mhriodas Lleucu a Stephen, ac mi fu'r ddau ohonon ni'n canu clycha yn eglwys Llanengan ar gyfer priodas Tom a Charlotte. Ond mae 'na swyddogaetha mwy penodol i'w rhannu hefyd, a dyma rai ohonyn nhw.

Mae gan y prif was rôl reit fawr yn y diwrnod. Fel tyst i'r briodas, mae'n sefyll yn ymyl y priodfab yn ystod y gwasanaeth ac yn gofalu am y modrwya nes bod eu hangen nhw yn y seremoni. Ond mae'n bosib iawn mai'r peth cynta sy'n dod i'r meddwl pan mae'r priodfab yn gofyn i chi fod yn was iddo ydi'r araith. Mae siarad yn gyhoeddus yn gallu achosi dipyn o boen meddwl. Mae peint neu ddau yn helpu, ond dim gormod! Fy nghyngor i ydi cadw'r areithia yn fyr a *to the point*. Mae hyn yn rhoi llai o gyfle i chi faglu a cholli eich lle. Ac os 'dach chi ddim wedi arfer siarad o flaen cynulleidfa, does dim o'i le efo deud hynny – mae pawb yn licio'r math yna o beth. Cofiwch sôn am ba mor ddel mae pobol yn edrych, yn enwedig y briodferch, y morwynion a'r marna. Does dim pwysa o gwbl i fod yn ddoniol, neu i ddeud straeon gwirion, ac yn sicr, does dim rhaid dilyn traddodiad. Ella nad ydi tad y briodferch yn teimlo'n gyfforddus yn siarad yn gyhoeddus – dim ots! Mi fyswn i'n annog unrhyw un i sgwennu chydig o nodiada; ella na fyddwch eu hangen, ond maen nhw yna, jyst rhag ofn, ac mae hynny'n deimlad braf.

Yn draddodiadol, dyletswydda'r *ushers* ydi bod efo'r
priodfab a'r gwas peth cynta ar fora'r briodas a chyn i'r
gwesteion gyrraedd. Pan ddaw'r gwesteion, mae angen
i'r *ushers* ddangos iddyn nhw lle i eistedd a sicrhau bod
gan bawb daflen Trefn y Gwasanaeth os oes yna un.
Un o'r *ushers* sydd hefyd yn rhoi gwybod i'r sawl sy'n
gofalu am y seremoni fod y briodferch a'i thad, neu'r
sawl sy'n ei hebrwng hi, a'r morwynion ar eu ffordd draw,
gan roi gwybod hefyd i bwy bynnag sy'n gofalu am y
gerddoriaeth. Yn aml iawn, mae'r *ushers* yn meddwl bod
eu gwaith nhw drosodd ar ôl hyn... ond rhowch rwbath
arall iddyn nhw i'w wneud! Be am iddyn nhw fod yn
gyfrifol am gario bloda o'r seremoni i'r wledd, neu sicrhau
bod y gwesty neu leoliad y wledd yn gwybod bod pawb ar
eu ffordd draw yno, neu helpu efo'r llunia?

Gan fod y morwynion efo'r briodferch ar fora'r briodas a chyn y seremoni, eu dyletswydda nhw yn y bora ydi bod yn gefn i'r briodferch fel ei bod hi'n gallu ymlacio (chydig!). Ond ar ôl cyrraedd lleoliad y wledd, byddai rhoi rhyw joban fach arall i un neu ddwy ohonyn nhw yn syniad da – e.e. gwneud yn siŵr fod cerddoriaeth yn chwarae wrth i bobol gyrraedd lleoliad y wledd, neu sicrhau bod yr anrhegion a'r cardia mewn dwylo diogel. Mae rhoi pwrpas iddyn nhw ar y diwrnod yn mynd i wneud iddyn nhw deimlo'n rhan o'r diwrnod hefyd – a byddan nhw'n gwerthfawrogi hynny.

Dwi wrth fy modd yn gwrando ar yr areithiau, ond dwi'n credu mai'r gair 'araith' sy'n gallu codi ofn ar bobol! Does dim angen siarad am amser hir, na thrio bod yn ddoniol! Y geiriau gorau ydi'r rhai sy'n dod o'r galon.

Emma

Gofynnwch am help. Yn amlwg, dwi ac Emma wedi hen arfer gwneud pob math o jobsys (o gasglu sbwriel a chlirio'r platia i frwsio'r llawr a chael pawb ar y bws ar ddiwedd y noson!) ac mae Alaw, fel trefnydd priodas proffesiynol, yn gwybod am bob manylyn sy rhaid ei wneud yn ystod y paratoi a thrwy'r diwrnod. Ond does gan y rhan fwya ohonon ni ddim Alaw na chriw gweithgar *Priodas Pum Mil*. Y cyngor gora oll, felly, ydi cael cefnogaeth teulu a ffrindia, ac yn aml iawn mae hyn yn digwydd yn naturiol – mi fyddan nhw wrth eu bodda yn eich helpu, dwi'n siŵr. Yn bwysicach na dim, byddwch chi fel cwpwl yn gallu ymlacio a dawnsio tan ddiwedd y noson!

Dwi'n annog y pâr priodasol i beidio gwisgo oriawr ac i beidio edrych ar eu ffôn o'r eiliad maen nhw'n gadael y tŷ! Os oes gan bawb amserlen a chyfarwyddiadau pendant (a gwell fyth – cydlynydd!), does dim rheswm i chi fod yn cadw llygad ar y cloc. Felly *down tools*, ymlaciwch, a mwynhewch bob eiliad o'ch diwrnod arbennig.

Pawb â'i swydd...

Mae llunio rhestr o'r petha bach hynny fydd angen
eu gwneud yn ystod y diwrnod yn syniad da – ac
wedyn meddwl pwy sydd am gymryd y cyfrifoldeb.
Dyma rai ohonyn nhw:

- Gofalu am y parcio – rhowch siaced felen i
  ffrind i'r teulu sy'n hapus i helpu efo'r parcio.
  Yng Nghymru, mae llefydd parcio ger capeli
  yn brin ofnadwy! Ac os ydi'r briodas yn cael
  ei chynnal mewn cae, wel, mae'n rhaid cael
  swyddogion i ofalu am y parcio.

- Rhannu gwybodaeth a thaflenni i'r
  gwesteion a'u rhoi i eistedd yn y llefydd
  cywir.

- Gofalu am y cardia, rhag iddyn nhw fynd ar
  goll.

- Gofalu am anrhegion neu floda yr hoffai'r
  pâr eu cyflwyno i'r teulu yn ystod y wledd.

- Sicrhau bod cerddoriaeth yn cael ei chwarae
  wrth i bobol gyrraedd lleoliad y wledd.

- Sicrhau bod seddi ceir i blant wedi eu
  symud i'r ceir cywir – a bod digon o le i'r
  grŵp priodasol gael eu cludo o'r seremoni
  i'r wledd.

- Rhoi gwybod i'r cwmni arlwyo neu'r gwesty
  fod y seremoni drosodd a bod pawb ar eu
  ffordd draw – i wneud yn siŵr fod diodydd a
  bwyd bys-a-bawd yn barod ar eu cyfer wrth
  iddyn nhw gyrraedd.

- Helpu efo'r tynnu llunia.

- Gofalu bod bagia dros nos y cwpwl wedi
  cyrraedd y lleoliad os mai dyna lle maen
  nhw'n aros.

I gloi...

Trystan, Emma ac Alaw

Nawr,
cewch chithau rannu'r cyfan.
Mynd ati i sôn a siarad,
a chreu eich syniad eich hun
o'r hyn sy'n cael ei alw'n gariad.

O 'Sôn am gariad', Anni Llŷn

Wel... mae'r conffeti 'di daflu, y gacen 'di thorri a'r DJ ar fin chwarae'r gân olaf yn y gyfrol yma, ond mae'r hwyl o drefnu eich dathliad arbennig chi ar gychwyn! Oes, mae 'na lot i'w ystyried ac mi fydd y gwaith trefnu yn teimlo'n ormod o dro i dro, ond ar yr adegau yna mae'n bwysig cofio mai eich cariad a'ch addunedau i'ch gilydd sydd wrth wraidd y cyfnod cyffrous nesa yma wrth ichi gychwyn ar y siwrne law yn llaw.

A dyna ni, yr unig beth sydd ar ôl i ni ei ddweud rŵan ydi POB LWC! Os wnewch chi drefnu bob dim ddigon o flaen llaw, gofyn am help pan fo angen a bod yn driw i chi'ch hun, mi allwn ni warantu y cewch chi amser wrth eich boddau. Joiwch bob eiliad a chofiwch dynnu digon o luniau... a mynd ag esgidiau cyfforddus ar gyfer y dawnsio!

Diolch am ddarllen ac am fod yn rhan o deulu lyfli *Priodas Pum Mil*.

Gan y tri ohonon ni,
tan tro nesa,
ta-ra xxx

Rhestr wirio:

- [ ] Trefnydd neu gydlynydd priodas
- [ ] Lleoliad y seremoni
- [ ] Arweinydd y seremoni
- [ ] Cynnwys y seremoni
- [ ] Lleoliad y dathlu
- [ ] Colur
- [ ] Gwallt
- [ ] Ffotograffydd
- [ ] Ffilm

- [ ] Blodau
- [ ] Cacen
- [ ] Addurno
- [ ] Gwisgoedd y cwpwl
- [ ] Gwisgoedd pawb arall
- [ ] Ategolion e.e. esgidiau, gemwaith, teis
- [ ] Adloniant y dydd
- [ ] Adloniant y nos
- [ ] System sain

- [ ] Modrwyau
- [ ] Teithio
- [ ] Papurach priodas (*stationery*) e.e. gwahoddiadau, Trefn y Gwasanaeth, rhifau/enwau'r byrddau, enwau gwesteion, bwydlenni
- [ ] Arwyddion e.e. croeso, trefn y diwrnod
- [ ] Anrhegion bach (*favours*)
- [ ] Dewis y bwyd a'r diod
- [ ] Conffeti

Yn ychwanegol ar gyfer lleoliadau sydd ddim yn westai:

- [ ] Dodrefn
- [ ] Llestri
- [ ] Gwydrau

- [ ] Arlwyo
- [ ] Bar
- [ ] *Generator* ar gyfer trydan

- [ ] Gwresogydd
- [ ] Toiledau

Amserlen y dydd

Dyma enghraifft o amserlen ar gyfer priodas draddodiadol. Does dim rhaid ei dilyn o gwbl, ond mae'n rhoi syniad o drefn y diwrnod:

11am–1pm	Seremoni
Tua 2pm	Diodydd croeso a lluniau
3.30pm	Bwyd
5.30pm	Areithiau
7pm	Gwesteion nos yn cyrraedd ac adloniant yn dechrau
8pm	Torri'r gacen a'r ddawns gynta. Y llawr dawnsio ar agor!
9pm	Bwyd nos a mwy o ddawnsio!
12am	Bar yn cau, cerddoriaeth yn gorffen

Cydnabyddiaethau

Diolchiadau

Diolch i'r cyplau a'u teuluoedd sydd wedi caniatáu i ni ddefnyddio eu lluniau yn y llyfr.

Diolch i Boom Cymru ac S4C am bob cydweithrediad yn ystod y broses o gynhyrchu'r llyfr.

Diolch i Digwyddiadau Calon am bob cymorth ac arbenigedd.

Diolch i Gwrt Insole, Llandaf, Caerdydd am yr hawl i ddefnyddio'r adeilad.
Am fwy o wybodaeth am y lleoliad, gweler: www.insolecourt.org/cy_

Diolch i Quirk It am bob cymorth gyda'r addurno ar gyfer y lluniau ac i Sarah (SAH Hair and Make-Up Services) am y gwallt a'r colur.

Diolch i Gyngor Caerdydd am yr hawl i ddefnyddio'r gerddi ar gyfer y lluniau.

Diolch i'r Parchedig Huw Powell-Davies, i Rhiannon Pugh o Gyngor Sir Ceredigion ac i Nia Bates o Seren Celebrants am y cyngor gwerthfawr ar y bennod 'Y seremoni'.

Diolch i Hywel am y gerdd hyfryd yn arbennig i'r llyfr.

Ffotograffau*

Mefus Photography: llun y clawr blaen a'r portreadau o'r awduron.

Ffotograffiaeth Siân Llewelyn

Elsie Grace Photography

Emberwood Photography

Lluniau Del

J&C Photography & Film

Alex Boyd Photography

Ffotograffiaeth Robin Hughes Photography

IRM Photography

Photography by Charlotte

*Y ffotograffwyr sydd berchen ar hawlfraint y lluniau unigol.